Michael Göbel

Der Alltag querbeet

Gedichte, die das Leben schreibt

Bibliografische Information der Deutschen Nationalbibliothek:
Die Deutsche Nationalbibliothek verzeichnet diese Publikation
in der Deutschen Nationalbibliografie; detaillierte bibliografische
Daten sind im Internet über abrufbar.

Copyrigth © 2017 bei Michael Göbel

Alle Rechte vorbehalten.
Die Verwendung von Text und Bildern, auch Auszugsweise,
ist ohne schriftliche Zustimmung des Autors (Urheber)
urheberrechtswidrig und strafbar.
Dies gilt insbesondere für die Verwendung in elektronischen Medien,
Systemen und für die Vervielfältigung

Cover Foto: Pixabay
Herausgeber: Manuela Göbel
Autor: Michael Göbel

Herstellung und Verlag:
BoD – Books on Demand, Norderstedt

ISBN: 9783741291036

Hallo liebe Leser!

Ich habe für euch einige meiner Gedichte zusammengetragen, die mir sehr am Herzen liegen und vielen Leuten bei facebook, auf meiner Gedichte Seite und in einigen Gruppen sehr gut gefallen haben.

Wie schon mein erster, bei BoD erschienender Gedichtband **„Heimatgefühle aus dem Ruhrpott"**, habe ich es mir wieder nicht leicht gemacht, für euch die richtigen Gedichte zu finden. Es handelt sich in diesem Gedichtband um alltags, lustige, nachdenkliche, gefühlvolle, reale, romantische, mystische und Liebesgedichte, also einmal alles querbeet, wie man so sagt.
Ich habe meine dreiundachtzig Gedichte in diesem Buch nicht nach Kategorien geordnet, sondern einfach einmal gemischt, damit ihr beim Lesen etwas mehr Abwechselung habt.

Ich hoffe ihr findet großen gefallen was ich so rausgesucht und für euch niedergeschrieben habe und ich würde mich sehr freuen, wenn ihr mein Gedichteband, wie schon den ersten weiterempfehlen würdet.

Ich wünsche euch viel Spaß beim Lesen.

Liebe Grüße vom Autor
Michael Göbel

An Dich

Du bist Balsam für meine Seele,
wenn ich mich mit Fragen quäle.
Du stehst mir bei, in allen Sorgen,
bist meine Sonne an jeden Morgen.

Geht's mir nicht gut, so pflegst Du mich,
selbiges tue ich gern für Dich.
Du kümmerst dich, wenn ich erkranke,
dafür sage ich Dir gerne Danke.

Du gehst mit mir durch dick und dünn,
dass Leben mit Dir ist ein Gewinn.
Ich würde mir keine andere wählen,
mit Dir kann man Pferde stehlen.

Ich will noch viele Jahre mit Dir verbringen,
es wird uns gemeinsam auch gelingen.
Ich liebe Dich, dies weiß ich genau,
meine geliebte Ehefrau.

Alfred der Aal

In einem Fluss, unter der alten Brücke,
lebte einst Alfred der Aal.
Immer im Focus, der Angler Blicke,
war es für ihn wohl eine Qual.

Jahr aus Jahr ein wurde versucht,
Alfred den Aal dort einzufangen;
doch die Angler waren verflucht,
er ist nie ins Netz gegangen.

Eines Tages war Alfred fort,
keiner hat ihn mehr gesehen.
Wurde er gefangen, war es Mord?
Was ist Alfred nur geschehen?

Alfred zog es zur Sargasso-See,
um sich weiter fortzupflanzen.
Doch sein Abschied tat ihm nicht weh,
im Gegenteil, er war am Tanzen.

Zurück bleiben dort im Fluss,
nur des Anglers leere Blicke.
An Alfred dem Aal, ein lieben Gruß,
von den Anglern der alten Brücke.

Brief an Gott

Lieber Gott, ich wollte dir schreiben,
doch ich kenne die Adresse nicht.
Ich lasse mich meiner Gedanken treiben,
es direkt aus meiner Seele spricht.

Ich weiß genau du kannst sie lesen,
die Gedanken die ich hab.
Du bist ja Gott, das Himmelswesen,
der der Menschheit das Leben gab.

Nun möchte ich dich mal etwas fragen,
was mir so auf dem Herzen liegt.
Kannst du mir mit Güte sagen,
warum der Hass, Liebe überwiegt.

Warum gibt es auf Erden Kriege?
Mit viel Schmerz und Hungersnot.
Nur das Diktatoren blutige Siege
und seinen Feinden bringt den Tod.

Warum müssen so viele Menschen flüchten?
Aus ihr geliebtem Heimatland.
Schwerste Wege die sie verrichten,
vom Staatsbürger zum Immigrant.

Warum müssen Menschen Weltweit hungern?
Bei so viel Brot auf unserer Welt.
Man kann es doch an Bedürftige spenden.
Ach so, damit verdient man ja kein Geld!

Warum verüben Menschen Attentate?
Gläubige einer anderen Religion!
Bomben, Giftgas und Verrate,
wie damals schon an deinem Sohn.

Warum müssen Menschen qualvoll Sterben?
An Aids, Cholera und Ebola.
Oder schlimme Krankheiten vererben?
Ich dachte, Gott ist für die Menschheit da!

Ich hätte noch so viele Fragen,
doch ich höre deine Stimme nicht.
Will mich selbst auch nicht beklagen,
ein Mensch, der Dich als „Gott" anspricht.

Diese Zeilen, die ich niedergeschrieben,
es schwarz auf weiß geschrieben steht.
Ich glaube ich habe nicht übertrieben,
ist heute für mich mein Nachtgebet!

Das letzte Hemd

Das letzte Hemd hat keine Taschen,
wenn wir aus dem Leben gehen.
Gott, würde es sehr überraschen,
wenn wir bepackt so vor ihm stehen.

Sei nicht Geizig in deinem Leben,
gestalte es dir so schön und fein.
Du kannst beruhigt dein Geld ausgeben
und auch einmal spendabel sein.

Das letzte Hemd hat keine Taschen,
genieße heut` die schöne Welt.
Laßt uns das Erbe ruhig vernaschen,
im Himmel braucht man kein Geld.

Du kannst für die Familie ruhig sparen,
wenn du eines Tages nicht mehr bist.
Aber nicht nur in allen Jahren,
weil du sonst etwas vermisst.

Denk an Dich und heb` die Flaschen,
im Himmel kann man nichts mitnehm.
Das letzte Hemd hat keine Taschen,
mach dir dein Leben angenehm.

Der See

Der See, er legt sich langsam zum Schlafen,
es scheint am Himmel schon der Mond,
leichte Wellen den Stand nun trafen,
und der Tag hat sich gelohnt.

Schmale Wolken ziehen langsam ihre Wege,
sanfter Wind sich in den Bäumen wiegt,
verlassen sind am See die Stege,
nur ein Pärchen was am Strand sich liebt.

Der See, er legt sich langsam Schlafen,
die Nacht bricht übers Land herein;
es ist ruhig, ich möchte nur noch Träumen
und mit Dir zusammen sein.

Du liegst in meinen starken Armen,
die Kälte macht Dir eine Gänsehaut,
es ist schön das wir zusammenkamen,
miteinander und so vertraut.

Es war schön das wir uns hier trafen,
der Tag hat uns so viel gebracht.
Der See, er legt sich jetzt zum Schlafen
und wir bleiben über Nacht.

Das ausgefallene Osterfest

Der Osterhase sagte schlau,
diesen Satz zu seiner Frau:
„Wollen wir Ostern nicht verderben,
müssen wir langsam Eier färben."

Gesagt getan und ran ans Werk,
die Eier färbt uns nicht der Zwerg.
Sie legten los und es ging rund
und färbten alle Eier bunt.

Der Hase wollte die bunten Eier holen,
doch keine da, sie waren gestohlen!
Der Osterhase machte sich große Sorgen,
das Osterfest, es ist schon morgen.

Doch ein genialer Gedanke ihm erkam,
er einfach Schoko Eier nahm.
Er steckt sie in seinen Sack,
in seiner Kiepe, huckepack.

Und auf dem Weg zu jedem Kinde,
er einige Hindernisse überwinde;
doch da rutschte er, auf Grund von Nässe
und mit einem Mal, voll auf die Fresse.

Alles zerbrach und war entzwei,
bis dahin auf's letzte Ei.
Jetzt werden die Kinder aber fluchen,
dieses Jahr kein Eier suchen.

Ich höre schon das laute klagen,
keine Ostereier für die Blagen.
Jetzt steht ein Schild am Osternest.
Dieses Jahr - Kein Osterfest!

Gewittersturm

Ein großer Kampf der Elemente,
wie man es hat kaum gesehen,
Blitz und Donner dort am Himmel,
hoffentlich wird's bald vergehen.

Schnee und Regen, Hagelkörner,
peitschen lauthals hier ums Haus,
dunkle Wolken, Sturm, Tornado.
Ach du schreck: Das Licht ist aus!

Bäume sich im Sturme wiegen,
starker Wind hält sie auf trab;
viele Äste sich im Sturm verbiegen,
doch einige, sie brechen ab.

Entwurzelte Bäume, zerstörtes Landschaft,
irgendwo ein lauter Schrei.
Alles liegt jetzt im großen Chaos,
doch der Sturm ist nicht vorbei.

Ein Silberstreif am Horizonte,
die Sonne durch die Wolken bricht,
zerstörtes Gut, kann man ersetzen,
doch ein Menschenleben nicht.

Liebe ist …

Liebe ist geben,
Liebe ist schenken,
einander vergeben,
an andere denken.

Täglich Liebe erleben,
sein zu Herz verleihen,
ist sich zu verstehen,
einander verzeihen.

Liebe ist Reichtum,
aber kein Geld,
man kann sie nicht kaufen,
nirgendwo auf der Welt.

Liebe das Leben,
dein Partner ohne Fragen,
wer Liebe erlebt,
kann Leiden ertragen.

Liebe macht Spaß,
es ist Leidenschaft,
wer sich daran hält,
hat im Leben viel Kraft.

Wer seine Liebe vergibt,
wird Liebe erhalten,
denn nur allein du,
kannst deine Liebe verwalten.

Schutzengel

Ein Menschenleben kann so schnell enden,
wenn man es auch noch so liebt,
es liegt nicht immer in eignen Händen,
gut das es Schutzengel gibt.

Mit einmal steht man mit sich alleine,
hat Herzklabaster und Atemnot,
man kommt mit Male mit sich ins reine,
schaut in den Augen von Herrn Tod.

Er kommt zu Dir auf leisen Sohlen,
will Dich mitnehmen in sein Reich,
er will zu Dir, um Dich zu holen,
jetzt sofort, schon so gleich.

Doch Gott, er hatte etwas dagegen,
Du hörtest schon die Englein singen,
Dir ein Schutzengel zu senden mit dem Segen
um von der Schippe noch zu springen.

Nun wirst Du gut betreut von vielen Ärzten,
liegst auf der Intensivstation,
bin immer bei Dir mit ganzem Herzen,
glaube mir: Du schaffst das schon!

Das Begehren

Spürst du meine sanften Hände,
lieblich und zart auf deiner Haut,
ich streichle deinen schönen Körper,
der mir so eng und lang vertraut.

Wir verwöhnen uns beim zarten streicheln,
gegenseitig zwischen den Beinen;
wir verschmelzen eng und voller Sehnsucht,
bevor wir uns zusammen vereinen.

Meine sanften Lippen, sie berühren,
deine lieblich weiche Brust.
Du willst mich innig in dir spüren,
hast Verlangen und Wollust.

Meine weiche Zunge gleitet zärtlich,
deinen Körper nun herab.
Dein Begehren steigert sich stetig,
und für meinen Zauberstab.

Dieser Akt der zärtlichen Liebe,
verbreitet einen lieblichen Duft.
Es ist das Begehren unserer Triebe
und Hingabe in uns ruft.

Das Gesäß

Das Gesäß, besser als Arsch bekannt,
wird ab und an, Hintern genannt.
Er hat auch immer eine andere Form,
bei einigen ist er Enorm.

Ist er knackig rund und so,
nennt man ihn den Apfel-Po.
Der Birnen-Po hingegen weiter,
wir nach unten immer breiter.

Ein schöner Arsch kann ja entzücken,
muss sich die Frau im Mini bücken.
Hat sie einen Arsch, eher dick und breit,
trägt sie meist ein Hosenkleid.

Der Arsch fällt aber nicht ins Gewicht,
wenn Er, Sie, Es, kein Arschgesicht.
Ich wollte nicht über andere richten,
nur etwas lustiges für euch dichten.

Solltet ihr euch hier wiedererkennen,
könnt ihr mich gerne Arschloch nennen.
Dann sei es so, blast mir den Marsch,
gebt mir ein Tritt, in meinem Arsch.

Das Wattenmeer

Es ist ein Traumhaft schönes Land
und gibt vieles von sich her,
mit Dünen, Sand und Strand,
es ist das deutsche Wattenmeer.

Wenn am Abend die Sonne untergeht
und das Meer zieht sich zurück,
wenn der raue Wind sich dreht,
ist mit dir das droße Glück.

Wenn die Dämmerung überm Deich reinbricht
und das Möwengeschrei verstummt,
spiegelt sich im Watt, des Mondes Licht,
einzelne Wolken die Sterne vermummt.

Es ist so schön am Wattenmeer
und ich kann es kaum erwarten,
dann laufe ich Barfuß hin und her,
es ist geil durchs Watt zu waten.

Es ist einfach ein Traumhaft schönes Land,
mit unendlich große Weiten,
mit seinen Dünen, Sand und Strand
und des Wattenmeer´s Gezeiten.

Dein Sein

Deine Augen, so schön und braun,
ein Augenaufschlag mich verzückt;
so liebevoll und voller vertrauen,
machen mich an Dir verrückt.

Deine Haut, die ich gerne berühre,
deine Füße und dein Gesicht.
Das magst Du gerne und ich spüre,
es aus deinen Augen spricht.

Deine Haare, in die ich eintauche,
sind so sanft und lockig weich;
es ist das, was ich so brauche,
und es macht mein Leben reich.

Deine Seele, sie ist eine Gute,
lieb und rein an jeden Tag.
Es ist das, was ich vermute
weil ich Dich so gerne mag.

Deine lieben Worte die mich umhallen,
diese Lippen, der schöner Mund;
alles an Dir hat mir gefallen,
doch wahre Liebe ist der Grund.

Das Restaurant zu den goldenen Bögen

Das Restaurant zu den goldenen Bögen,
jeder war bestimmt schon drin;
da essen wir, weil wir es mögen,
aber eigentlich geht keiner hin.

Viele Angebote zieren hier Wände,
in diesem Feinschmecker-Lokal,
man isst ohne Besteck, nur mit Hände,
die Menü´s seiner Wahl.

Burger, Chicken, Eis und Getränke,
auch Apfeltaschen werden gemacht,
Happy Meal für Kinder mit Geschenke,
nur nichts wird zu Tisch gebracht.

Sein Essen muss man sich selber holen,
man gibt es an der Theke raus;
dann ganz flott, auf schnellen Sohlen,
isst man es dort oder nimmt´s mit nach Haus.

Jeder weiß welches Restaurant gemeint ist,
jeder hat´s in seinem Sinn;
ich weiß zwar nicht wer alles dort isst,
weil keiner geht ja nach McDonald`s hin.

Der Angler

Ein Angler sitzt dort am Kanal,
um beim Angeln zu entspannen;
nach kurzer Zeit und mit einmal,
zieht die Pose flugs von dannen.

Dem Angler freut es, er schlägt an,
um den Fang waidgerecht zu drillen,
doch ganz aufgeregt merkt er sodann:
Ein großer Fisch, um Himmels willen!

Die Rute biegt sich wie ein Bogen,
die Angelschnur ist nun so stramm,
er schwitz vor Angst, ganz ungelogen,
ob die Schnur wohl hält? Mannomann!

Er drillt ihn heran, den großen Fisch,
und denkt sich: „Du meine Güte"
Es gibt was leckeres auf den Tisch,
leider war es nur ne Plastiktüte.

Der große Fang ist ausgeblieben,
doch Angeln, dass ist trotzdem geil.
Den Essgenuss muss man heute verschieben,
allen Anglern - „Petri Heil"

Der Baum

Der Baum, der mich erfreute,
damals in der Frühlingszeit.
Er stand dort im weißem Kleide,
wo wir saßen oft zu zweit.

Der Baum, der mich je verführte,
als er reife Früchte trug.
Ich hab sie oft und gern gegessen,
bis ich hatte davon genug.

Der Baum, der mir Schatten spendete,
als die Sonne kräftig schien.
Er färbt nun seine grünen Blätter
und meine Freude geht dahin.

Der Baum, der mich sehr oft erfreute,
steht nun bald dort ohne Kleid.
Kahle Äste und Kahle Zweige,
ja, denn bald ist Winterzeit.

Der Baum, wird mich erneut erfreuen,
wenn der erste Schnee hernieder fällt.
Er wird im weißem Glanz erstrahlen
und Schneeflöckchen in den Armen hält.

Der Dichter

Ein Dichter, ist meist auch ein Denker,
ein geschickter Wortelenker;
er jongliert mit seinen Worten,
um erfreuen an vielen Orten.

Und wenn ihn dann die Muse küsst,
die Zeilen, das Leben uns versüßt;
er lyrisch schreib oder mit Poesie,
ist er für uns meist ein Genie.

Aber wird einmal ein Prosa Dichter,
mit seinem Text zu einem Richter;
dann teilt er aus, meist sehr fatal,
nicht mit Fäusten, nur verbal.

Es schreib meistens so ein Poet,
dass man Gedichte gut versteht.
Mit lyrischen Versen, in schönen Reimen,
um sich bei uns einzuschleimen.

Er gibt ein Dichter mit seinem Gedankengut,
vielen Menschen Freude und Mut.
Denn des Dichters weises Denken,
weiß er in Gedichten, geschickt zu lenken.

Bei diesen Dichtern und Poeten,
die mit ihren Worten prahlen,
möchten sie doch nur mit ihren Texten,
schöne Bilder in uns malen.

Der Furz

Der Furz, der ist im Darm ein Wind,
der seinen Weg zum Arschloch find.
Er kommt heraus mit großem Knall,
oder nur als leiser Hall.

Er kraucht langsam durch in die Gedärme,
bei der Verdauung er entsteht.
Immer in konstanter Körperwärme,
als Gasgemisch auf Reisen geht.

Will er mal raus, schnell an die Luft,
ist es ratsam die Backen zuzukneifen.
Er soll ja nicht mit üblen Duft,
durch die Unterhose pfeifen.

Den lauten Furz, den riecht man nicht,
nicht nach einem kurzes Weilchen.
Doch den leisen, der in den Augen sticht,
riechet ganz bestimmt nicht nach Veilchen.

Ein Furz ist jeden schon mal entflohen,
in Gesellschaft oder allein.
Man überspielt es mit ein Flötenton,
hört dann nur: „Wer war das ein Schwein!"

Wiederum kann jeder verstehen,
das die Menschen heimlich blähen.
Denn diese leisen, heimlichen Fürze,
haben es in sich, mit viel Würze.

Arschgeweih

Es wird über dem Steißbein eingeritzt,
so das es an der richtigen Stelle sitzt,
es windet sich meist aus dem Dessous,
ein schöner Hintern mit Tattoo.

Trägt die Frau dabei ein String,
der mit Schnüren über die Hose ging,
kommt darüber als letzter Schrei,
dass tätowierte Arschgeweih.

Man(n) wird nervös und ist entzückt,
der geile Po macht dich verrückt,
ein Arschgeweih, mit einem Po so schön,
da möchte man(n) doch gern hinsehn.

Dem Manne wird es in der Hose heiß,
Rattenscharf, erstrahlt der Steiß,
und so ein gestempeltes Hinterteil,
macht sogar den Pfaffen Geil.

Irgendwann ist es auch Mal vorbei,
mit String-Tanga und Arschgeweih,
keiner mag mehr diesen Modekrempel,
zurück bleibt der Proletenstempel.

Der Fuß

Der Fuß, ist bei einer Frau,
meist elegant und ziemlich schmal.
Wie sie ihm zum ausgehen kleiden,
es ist ihnen nicht egal.

Sie stecken ihre Füße in High Heels,
diese dann zur Schau datragen.
Fangen aber auch an zu stöhnen,
weil ihre Füße sind am plagen.

Ein Fuß braucht es sehr bequem,
hohe Schuhe braucht er nicht.
Er hat es lieber angenehm,
leider sprechen kann er nicht.

Der Fuß, ist bei einen Mann,
meist sehr groß und ungepflegt.
Ihm ist es meistens scheißegal,
was er auch an Schuhen trägt.

Aber zieht der Mann die Schuhe aus,
fährt ein Duft dir in den Zinken.
Dann möchte man am liebsten raus,
weil Männerfüße kääsig stinken.

Seine Füße sollte man doch Pflegen,
bitte komme nicht in Rage.
Es ist für den Fuß ein großer Segen,
täglich eine Fußmassage.

Auch ab und an ein schönes Bad,
dass für seine Füße nur.
Einmal wenigstens an jeden Tag,
mit angenehmer Temperatur.

****

Altersarmut

Er hat geschuftet, Jahr um Jahr.
Und was hat es ihm gebracht?
Er war immer für seine Firma da,
hat sich den Rücken krumm gemacht!

Nun sitzt er Krank allein zu Haus,
kann am Rollator nur noch geh´n.
Ist meistens einsam, kommt nicht raus,
kann nicht auf eignen Beinen steh´n.

An Rente bekommt er nicht sehr viel,
obwohl, 40 Jahre hart malocht.
Dies ist sein Leben, einfach ohne Stil,
und sich nur noch Suppe kocht.

Hat keine Hilfe, kaum was im Topf,
muss sich durchs sein Leben quälen.
Dumme Gedanken kreisen ihm im Kopf,
ob den Freitod er soll wählen.

Der Holzwurm

Ein kleiner Holzwurm gar so nett,
bohrt und bohrt sich durch ein Brett.
Da spricht der Holzwurm ganz salopp:
„Das Brett hat jemand vor dem Kopp."

Was macht der Kerl mit meinem Brett,
geht er damit wohl auch ins Bett?
Ich will das Geheimnis einmal aufdecken,
was Leute mit ein Brett vorm Kopf bezwecken.

Der kleine Holzwurm gar nicht Dumm,
bohrt weiter dort im Kopf herum.
Angefangen vorne an der Stirn,
bohrt er weiter Richtung Hirn.

Und auch schon nach kurzer Weile,
durchbohrte er die Knochenteile;
was für dem Wurm eine Überraschung war,
gähnende Leere, kein Hirn ist da.

Da dachte der kleine Holzwurm: „Ach so?
Hier ist kein Hirn, aber auch kein Stroh!"
Nur ein Zettel worauf stand;
Das Hirn, es hat sich abgewandt.

So nahm der Holzwurm gleich Reißaus,
kam schnell aus dem Kopf heraus.
Dem Holzwurm ein Gedanke frönte.
Wie er den Hohlraum nutzen könnte.

Wie sich des Wurmes Gedanken wiederspiegeln?
Man muss den Hohlraum nur versiegeln!
Denn dieser Kopf, er hat kein Wissen,
ab sofort wird reingeschissen.

****

Herbst

Der Spätsommer geht jetzt zur Neige,
die Tage sind nun kürzer hell.
Es leeren sich des Baumes Zweige,
es nahet uns der Herbst so schnell.

Der Herbst ist eine besondere Jahreszeit
und hält Wunder für uns bereit.
Die Blätter erstrahlen im buntem Glanz,
wiegen sich im herbstlichen Tanz.

Über den Wiesen der Wind nun pfeift,
süßlich ist das Obst gereift;
und auf Feldern zwischen den Stoppeln,
sieht man suchend Häschen hoppeln.

Der Winter kündigt sich alsbald auch an,
es nicht mehr lange dauern kann.
Zur Ruh` legt sich unsere heile Welt,
wenn der erste Schnee hernieder fällt.

Die Anderswelt

Wer lebt in einer Anderswelt?
Tun wir alle es nicht täglich?
Es hat sich ja herausgestellt,
die Gedanken machen´s möglich.

Der eine träumt von Ruhm und Geld,
ein anderer von Liebe;
jedem so wie es ihm gefällt,
der Diktator träumt vom Siege.

Autisten leben in ihrer eigenen Welt,
mit stereotypische Verhaltensweisen.
Sie werden leider als Dumme dargestellt,
dass ist nicht von der Hand zu weisen.

Ich träume meist so vor mich hin,
träume mich in die Anderswelt.
Ohne Armut, Hungersnot und Krieg,
mit der Bitte an Gott gestellt.

Was ist denn jetzt die Anderswelt?
Wer kann sie mir erklären?
Ist es die, die man sich vorstellt?
Ich lasse mich gern belehren!

Der Mann im Mond

Siehst du auch den Mann im Mond?
Ob er allein dort oben wohnt?
Was treibt er dort die ganze Nacht?
Ob er über unsre Erde wacht?

Ist der Mann im Mond allein?
Was macht er bei Sonnenschein?
Man sieht ihn meist nur Nachts im Dunkeln
und wenn all die Sterne funkeln.

Was macht der Mann im Mond am Tage?
Ich stell mir öfter diese Frage!
Schaut er herab auf unsre Welt?
Von oben hoch, vom Himmelszelt.

Liegen für den Mann im Mond die Sterne,
genau so weit in weiter Ferne?
Oder sind sie ihm zu Greifen nah?
Wie uns manches Mal der Mond sogar.

Kann der Mann im Mond mir sagen,
gehört ihm der große Wagen?
Fährt er in der Milchstraße damit ein Rennen?
Spät des Nachts, wenn wir im Bette pennen.

Doch er wird uns immer am Herzen liegen
auch wenn wir nicht zu ihm Fliegen.
Das Alleine sein scheint er gewohnt!
„Mach es gut, du Mann im Mond"

Der Schneemann

Ein Schneemann der im Garten seht,
eisiger Wind um seine Nase weht.
Ihm ist sehr kalt, er ist erfroren.
Was hat er dort denn auch verloren?

Die kalte Witterung ihm sehr zusetzt,
ein Strohhut wurde ihm aufgesetzt.
So steht er bei Kälte, voller Qual,
um den Hals mit einem Schal.

Er hat ein Besen, aber kann nicht fegen,
wenn der Schnee hernieder fällt.
Kann sich vor Kälte nicht bewegen.
Warum wurde er da aufgestellt?

Er hat immer ein Lachen im Gesicht,
doch Sprechen kann er leider nicht.
Er steht nur da, schaut unverstohlen,
denn sein Mund, er ist aus Kohlen.

Jetzt steht er schon eine Weile dort,
die Sonne schmilzt ihn langsam fort.
Immer kleiner wird der Mann,
hat doch keinen etwas getan.

Nun ist der weiße Schneemann weg,
Kohlen und Besen liegen im Dreck.
Des Schneemanns Schal und sein Strohhut,
stehn jetzt einem Bettler gut.

Der Vollmond

Der Vollmond, er ist wieder erwacht.
Ja, er will die Menschheit strafen.
Er leuchtet uns heute die ganze Nacht
und wir kommen nicht zum Schlafen.

Der Vollmond thront am Firmament,
wieder in seiner vollen Pracht.
Steht am Himmel hoch, dort als Regent
und als König dieser Nacht.

Ringsherum strahlen ihm dir Sterne,
er ist Herrscher dieser Nacht.
Lichtjahre weit leuchten sie aus der Ferne,
doch der Mond hat heut` die Macht.

Er lässt die Menschen Schafe zählen,
doch sie kommen nicht im Schlaf.
Wenn sie sich Nachts im Bette quälen,
beim zählen jeden einzelnen Schaf.

Die nächsten Nächte sind wie Zauberei,
vier Wochen lang ganz ohne Plagen.
Die Vollmondnacht ist jetzt vorbei.
bis in neunundzwanzig Tagen.

Der Winter

Bald komme ich, knurrt rau der Winter
und herrsche in der nächsten Zeit.
Ich verwandele das Land und die Wälder,
schenke allen ein weißes Kleid.

Überall lass ich es mächtig glitzern,
alles glänzet schön wie Kristall,
doch es werden sie heftig frieren,
der Mensch und das Vieh im Stall.

Keine Blumen werden mehr blühen,
Bäume stehen nun nackenig da,
und selbst die kleinen Weidekätzchen,
machen sich mir auch rar.

Federleichte weiße und zarte Flocken,
lasse ich leis´ vom Himmel schnei`n,
doch unter meiner weißen Decke,
wird auch neues Brot gedeih`n.

Der Thron

Auf seinem Thron ist er der König,
und ihn bei seinen Geschäften siehst.
Dort sitzt er, mal oft mal wenig,
mit der Zeitung die er liest.

Er will dort aber nicht regieren,
ist kein Herrscher, Gott sei Dank.
Er geht dorthin zum urinieren
und zum morgendlich Stuhlgang.

Nach dem Geschäfte auf dem Throne,
liegt dort etwas in der Luft.
Das er Nachfolgende damit verschone,
sprüht er einen Blütenduft.

Auf seinem Thron ist er der König,
mit Klobürste als Zepter in der Hand.
Ein Reichsapfel, hilft ihm hier nur wenig,
dafür hängt Klopapier an der Wand.

Des Nachbars Kirschen

Ein Baum mit weißer Blütenpracht,
hat schon so manches Herz entfacht,
die Frucht sie reift, die Ernte fern,
es ist das Obst mit einem Kern.

Wenn das Obst am Baume reift,
die Chance hat und sie ergreift,
die Traute hat sich ranzupirschen,
um zu klau´n, des Nachbars Kirschen.

Die süßen, prallen, dicken, runden,
die möchte man doch gern erkunden.
Man sollte es wagen, sich einfach trau`n,
nur so kann man Kirschen klau`n.

Will man´s aber doch nicht wagen,
muss man seinen Nachbarn fragen.
Der Mut zur Frage ist ungewohnt,
wird meistens aber gern belohnt.

Nun kann man haben viele Kirschen,
brauch sich nicht heranzupirschen;
keinen Mut zu haben, um sich trau´n,
vom Nachbars Baum die Kirschen klau´n.

Seine letzte Seilfahrt

Der Herrgott hat ihn zu sich gerufen,
ein jener der ein Kumpel war.
Er betritt somit die Himmelsstufen,
zur letzten Seilfahrt sind wir da!

Glück auf, ihr Kumpels, nun seit bereit,
ihm die Ehre zu erweisen.
Mit bergmännischem und letztem Geleit,
dem Respekt ihm zu erweisen.

Mit brennender Grubenlampe auf dem Sarge,
sechs Kameraden und ein Fahnenträger.
Zusammen man ihm zu Grabe trage,
im Bergkittel, Schachthut mit schwarzer Feder.

Nun wird das Banner abgesenkt,
das Licht gelöscht am offenem Grab.
Voller Ehrfurcht, man an ihm denkt,
dem guten Kumpel der verstarb.

Kumpel, fahre zu Gott nun in den Himmel,
zur deiner letzten Seilfahrt hinauf.
Unter Kirchengeläut und Glockengebimmel,
ein letzter Bergmannsgruß, Glück auf!

Die Nase

Beim Menschen sitzt die Nase,
mitten im Gesicht,
über ihr sind die Augen,
darunter der Mund der spricht.

Die Nase, hat zwei Nasenlöcher,
wodurch man etwas riechen kann,
bei Frauen sind sie eher kleiner,
meistens größer bei einem Mann.

Die Nase, ja sie kann auch laufen,
auch wenn sie keine Beine hat,
man nennt es dann, einfach Schnupfen
und den hat man schnell auch satt.

Die Nase, ja sie kann auch niesen,
meistens in der Winterzeit
und im Frühling, wenn Pollen fliegen,
hält man´s Taschentuch bereit.

Am besten kann die Nase riechen,
was so schwirret in der Luft,
am liebsten mag sie süße Aromen,
oder schönen Duft.

Die Nase, ja sie kann nicht fliegen,
obwohl sie Nasenflügel hat,
fliegt man aber einmal auf die Nase,
ist diese meistens dick und platt.

Domina

Sie ist eine Frau ganz unscheinbar,
ganz grazil wie eine Feder,
sie ist des Nachts eine Domina,
und gestylt in Lack und Leder.

Sie ist ein echtes Rasseweib,
lässt sich von Kunden nicht berühren,
rückt ihnen mit Härte auf dem Leib,
um ihn als Sklave zu dominieren.

Sie trägt eine Maske vor ihrem Gesicht
und befiehlt mit strengen Ton,
ihre Peitsche glänzt im Kerzenlicht,
und ihr Sklave wartet schon.

Sie führt ihren Sklaven an der Leine,
jetzt ist er für sie bereit,
diese Erniedrigung, es ist das Seine,
gibt ihm ein Stück Geborgenheit.

Sie foltert ihn, sie peitscht ihn aus,
das sollte eigendlich erschrecken,
doch im Gegenteil, er steht darauf,
darf als Belohnung ihre Stiefel lecken.

Schwiegermütter

Vor diesen Frauen muss man sich sputen,
sie gehören nicht immer zu den Guten.
Es soll vereinzelt Ausgaben geben
und man kann in Frieden leben.

Doch diese Ausgabe, die ich hier meine,
ja, das ist die böse eine.
Die dich niemals lobt oder bemuttert,
sondern immer wieder unterbuttert.

Bei ihr hast du keinen guten Lauf,
sie setzt höchsten einen drauf.
Sie ist deine schlimmste Erscheinung
und auch immer andrer Meinung.

Sie fährt dir einfach so durch Wort,
wann und wo, an jedem Ort.
Macht dich runter, auch vor Fremde,
als stände man im Unterhemde.

Doch das hätte ich niemals gedacht,
das eine Mutter so etwas macht.
Als Mann der Tochter ist dies dein Lohn
und bist der böse Schwiegersohn.

Doch eines werde ich euch mal sagen,
mit ihr werde ich mich vertragen.
Spätestens dann, wenn sie einmal ruht,
geht es mir wieder gut.

Es wird passieren, gar keine Frage,
eines Tags liegt Sie im Sarge.
Wenn ich an ihrem Grabe stehe
und auf Sie hinunter sehe.

Oder es kommt ganz anders herum
und ihr Gelaber bringt mich um.
Dann hat sie endlich was Sie will
und ist somit auch wieder still.

Die Erdbeere

Etwas leckeres was ich so verehre,
ist die rote, süßliche Erdbeere.
Am Lebensanfang, noch klein und grün,
doch es sei ihr sehr schnell verzieh´n.

Noch ungenießbar und sehr sauer,
reift sie in der Sonne an der Mauer;
sie wird nun größer Tag um Tag,
wie man sie am liebsten mag.

Sie strahlt mich an, rot ist ihr Gesicht.
Was mache ich aus ihr für ein Gericht?
Ein Shake mit Milch oder eine Erdbeertorte?
Oder einfach Essen ohne Worte.

So rot und süß ist die Erdbeere,
es freut mich wenn ich sie verzehre.
Nicht mit Sahne muss ich sie begießen,
nur einfach Essen und genießen.

Die Rose

Die Rose, Königin der Blumen,
wunderschön und so grazil,
rote Blütenblätter elegant ihn thronen,
den dorngespickten langen Stiel.

Früh Morgens an der Rosenblüte,
Tautropfen haften von der Nacht,
Sonnenstrahlen die Blüte kitzelen,
blüht sie stolz auf und erwacht.

Sie prangt über alle Pflanzen,
all, die dort im Garten stehen,
sie ist die Königin der Blumen,
das ist auch nicht zu übersehen.

Ein Strauß roter Baccara Rosen,
fast jede Frau sie gerne mag,
bring der Mann zu seiner Liebsten,
das nicht nur zum Hochzeitstag.

Frauen lieben die roten Rosen,
als Geschenk stets mitgebracht,
sollte der Liebste es nicht vergessen,
dann hat Er an Sie gedacht.

Du und Ich

Wir gehören zusammen wie Mond und Sterne,
Du bist für mich auch Sonnenschein.
Wir schweben durch den Himmel in die Ferne,
um auf Wolke sieben zusammen zu sein.

Du bist einfach mein kleiner Engel,
dass habe ich an Dir entdeckt.
Ich weiß, das bei ein bisschen Rumgequengel,
auch ein Teufel in Dir steckt.

Wir sind auch Mal wie Hund und Katze,
wie es ist, ist es wunderbar.
Du wirfst mir auch böse Worte an die Glatze,
eben, ein verliebtes Ehepaar.

Wir gehören zusammen wie die Gezeiten
wie Ebbe und Flut, die alles verwischt.
Denn wir wissen ganz genau und bei weitem,
dass unsere Liebe niemals erlischt.

Die Kuh

Auf einer safig grünen Auenwiese,
stand die Kuh namens Anneliese;
stand täglich dort, fast jeden Tag,
weil sie dort das Gras so mag.

Die Anneliese war nicht dumm,
kaute auf dem Gras herum;
um sich an den Halmen zu erfreuen,
war sie stundenlang am wiederkäuen.

Nach ner Zeit, hat sie sich hingelegt,
denn sie kaute unentwegt;
um nach dem vielen, langen kauen,
dass Grünzeug endlich zu verdauen.

Am Abend nach dem langen liegen,
wurde die Kuh dort abgetrieben;
von einem Bauer, diesem Knilch,
denn er wollte ihre Milch.

Im Stall fasste er ihr an die Zitzen,
die Milch fing sofort an zu spritzen,
bis ihr Euter war gar leer,
doch der Bauer wollte mehr.

Deshalb ist die Kuh, die Anneliese,
heute wieder auf der Wiese,
liegt in den grünen und saftigen Auen,
um weiterhin Halme zu kauen.

Anneliese die Kuh, braun ist ihre Färbung
und nicht lila, wie in der Werbung;
sie gibt nur Milch, es ist nicht schade,
und macht keine Werbung für Schokolade.

Durchfall

Man fühlt sich nicht besonders so,
sitzt man behände auf dem Klo,
doch nur eines stört das Ritual,
plötzlicher auftretender Brechdurchfall.

Wenn du unruhig auf dem Throne sitzt
und es beim Stuhlgang heftig spritzt,
ist mit ganz großer Wahrscheinlichkeit,
die Durchfallerkrankung nicht mehr weit.

Wenn dir der Magen böse krampft,
es kräftig aus Kloschüssel dampft,
dann sollte man fürs ruhige Gewissen,
immer ein Klo in seiner Nähe wissen.

Solltest du vermehrt an Durchfall leiden,
musst du scharfes Essen meiden,
sonst lässt dir das rektale brennen,
dich wie ein kleines Mädchen flennen.

Ein ganz normaler Tag

Mein Tag war hart und sehr stressig,
zu Feierabend, mein Boss gehässig,
habe mich Stund um Stund geschunden,
jetzt will er auch noch Überstunden.

Den ganzen Tag, in der Glut am schwitzen,
kann weder stehen oder sitzen,
Stunden später ist die Arbeit aus,
mit Frust im Bauch fahre ich nach Haus.

Etwas gegessen und ein kleines Bierchen,
Gassi gehen mit dem Tierchen,
spielen mit den Kindern, wenn sie noch wach,
zu Ende geht auch dieser Tach.

Nun ab ins Bett, ich bin so müde,
die Frau im Bett, wie immer prüde,
es ist fast so, als wollt Gott mich strafen,
liege nun im Bett und kann nicht schlafen.

Ein Gedicht geht um die Welt

Ein Gedicht geht um die Welt,
weil es allen gut gefällt.
Es hat einem bestimmten Hintergrund,
es geht halt, von Mund-zu-Mund.

Bei Facebook, Twitter und Co,
likt und teilt man´s ebenso.
Was bei sozialen Medien so viel heißt:
Jemanden damit Respekt erweist.

Ein Gedicht geht um die Welt,
man es in vielen Foren stellt.
Diese Worte und die schönen Zeilen,
soll viele Menschen auch ereilen.

Ein Lächeln lockt es auf den Mund,
es ist damit ein guter Grund,
auf dieses Gedicht weiter zu blicken,
um es um die Welt zu schicken.

Ein schöner Tag

Heute sehr früh bin ich erwacht,
es graute schon der Morgen,
erholsam war die letzte Nacht,
keine Schmerzen, keine Sorgen.

Ein Vogelgezwitscher aus dem Baum
und die Sonne geht schon auf,
ein Wolkenloser Tag ist wie ein Traum
und nimmt weiter seinen Lauf.

Den ganzen Tag ist heute Sonnenschein,
bei Frühlingshafter Temperatur,
am Himmel wird heute keine Wolke sein,
dann schnell raus in die Natur.

Fröhliche Menschen sieht man überall,
in der Stadt und im Park,
sie begrüßen das Wetter auf jedem Fall
und finden es einfach stark.

Es sind die Sonnenstrahlen die jeder mag,
ja das muss man wohl zugeben,
ich wünsche euch einen schönen Tag,
ihr solltet ihn stets auch erleben.

Ein Wettergedicht

Es ist schon spät, heute am Morgen,
aber Dunkel wie die Nacht,
es macht mir langsam große Sorgen,
was hat sich Petrus nur gedacht.

Ich sitze hier in meinen Garten,
schaue in die Dunkelheit,
ich wollte auf die Sonne warten,
zum Glück, dass es nicht schneit.

Dies Wetter macht mir langsam Sorgen,
wenn ich die Sonne nicht bald seh,
ich warte schon den ganzen Morgen,
trinke dabei ein heißen Tee.

Es ziehen auf, jetzt schwarze Wolken,
ich schau ich in den Himmel rauf,
Blitzt und Donner, ein Regen wie gemolken,
der Himmel macht die Schleusen auf.

Ich möchte die Sonne, kein regennass
und werde weiter auf sie warten,
ich möchte endlich wieder Sonnenspaß
und freudig sitzen in meinem Garten.

Es gibt sie leider diese Neider

Missgunst und Neid in unserem Leben,
wird es leider immer geben.
Man weiß ja nicht, was er so denkt,
der IQ des Neiders ist beschränkt.

Er verbreitet Lügen im guten Glauben,
er könnte mir die Nerven rauben.
Doch da, da hat er falsch gedacht,
wird von mir einfach ausgelacht.

Doch es gibt auch noch diese Chaoten,
die Lügen glaubenden Vollidioten.
Die Lügen und Gerüchte weiterverbreiten,
dieses möchte ich nicht bestreiten.

Ich denke mir dann so zur Weil,
überzeuge sie vom Gegenteil.
Sollte es mir bei ihnen nicht gelingen,
sie dem Neider in die Bresche springen.

Zähle ich mir ab an nur einer Hand.
Ich bin für sie zu Interessant!
Denn Missgunst und Neid, muss man sich verdienen
und diese Worte sag´ ich ihnen!

Hetzer und Aufwiegler

Manchen Leuten in Netzwerken,
fehlt es oft an Empathie.
Kommentieren alles ohne nachzudenken,
denn ja, anonym sind sie.

Sie beleidigen, hassen, hetzen, mosern,
über alles ohne Grund.
Sie verachten Menschen, akzeptieren keinen
und tun dieses offen kund.

Es zählt nur ihre eigene Meinung,
andere sind für sie nur Dreck.
Es ist besser sich von ihnen zu trennen,
anders hat es keinen Zweck.

Die Anonymität von diesen Schreibern,
wird leider immer weiter gehen.
Da hilft kein schlichten und gut zureden,
sie wollen es halt nicht verstehen.

Ich schreibe nur noch mit guten Menschen,
sie haben meine Sympathie.
Die Anonymen, können am A... mich lecken,
ihnen gilt meine Antipathie.

Diese Menschen, werde ich ab nun blockieren,
sie haben echt kein Feingefühl.
Sie sollen sich woanders echauffieren,
das ist ab heute mein Kalkül.

Es ist Vollbracht

Ja liebe Freunde, es ist Vollbracht,
hab die fünfzig voll gemacht,
ich fühl mich jung wie eh und je,
trinke noch kein Kamillentee.

Ich saufe weiter wie bisher,
als ob im Magen Feuer wär;
ich trinke auch weiter überm Durst,
was andere sagen ist mir Wurst.

Jetzt bin ich fünzig und muss gestehen,
dass Leben, es wird weiter gehen,
ich weiß auch nicht, was ihr davon hält,
dass Leben ist schön auf dieser Welt.

Ich werd wie bisher so weitermachen:
Saufen, Sex, euch Freude machen.
Ich will auch hoffen das es mir gelingt,
schön das ihr mir ein Ständchen bringt.

Frauenaugen

In die Augen einer Frau,
ob grün, ob blau,
ob grau oder braun,
möchte man gerne schau´n.

Diese Frauenaugen sind,
das Herz der Seele,
das Tor der Welt,
was mir daran, so gut gefällt.

Sie können entzücken,
mit ihren Blicken,
auch Fragen stell`n
so viel erzählen.

Sie Blinzeln einem zu,
sagen: „Hallo Du",
können auch traurig sein
und sich herzlichst freu´n.

Man weiß nicht genau,
man wird nicht schlau,
was sie wohl sagen,
wenn sie Brille tragen.

Die Augen einer Frau,
sie sind so schön,
und ich mich trau,
hinein zu seh´n.

Zwei Menschen

Zwei Menschen lernten sich kennen,
verstehen und sich lieben.
Wollen wir es einmal Treue es nennen,
denn sie sind zusammen geblieben.

Sie wollen sich lieben und sich schwören,
aneinander fest zu binden,
weil sie einfach zusammen zu gehören
und es wunderschön daran finden.

Nun sie stehen gemeinsam vorm Traualtar,
und sie werden jetzt getraut.
Ein sehr schönes und glückliches Paar,
der Bräutigam mit seiner Braut.

Man weiß es nich, es weiß der Wind
und man schließt es auch nicht aus,
bekommen sie später einmal ein Kind
und ein wunderschönes Haus.

Mit Freud und Leid und in Not,
werden auf Händen, sie sich tragen,
und bis weithin, bis in den Tod.
„Ich liebe Dich" einander sagen.

Freundschaft

Eine Freundschaft ist, dass muss ich sagen,
ein hohes Gut auf dieser Welt,
dann ist jemand in allen Lebenslagen,
immer da, der zu dir hält.

Ob in Krankheit oder in Trauer,
wird dir ein Freund zur Seite stehen,
so bist du mit deinem Schmerz nicht alleine
und dein Leben wird weiter gehen.

In deinen glücklichsten Momenten,
die du im Leben verweilst,
kann man sich zusammen freuen,
wenn du sie mit Freunden teilst.

Wahre Freunde sind nicht nur Menschen,
die an deiner Seite stehen,
es sind auch Hund oder Katze,
die in deiner Seele sehen.

Eine wahrer Freund ist eine Seele
und der dich einfach nur liebt,
egal, ob es ein Mensch oder Tier ist,
und dir wahre Freundschaft gibt.

Frühlingserwachen

Wenn die Kälte der Wärme weicht,
der Nachbar seinen Zaun anstreicht;
ein anderer seinen Rasen mäht,
man frische Knospen schon erspäht.

Bei der Gartenarbeit, anfängt zu schwitzen,
Menschen in den Gärten sitzen.
Vögel, morgens ihr Schweigen brechen
und langsam wieder Mücken stechen.

Man wieder anfängt, Blumen zu gießen,
zusieht wie die Pflanzen sprießen;
man ihn jetzt riecht, diesen Blumenduft,
dann liegt Frühling in der Luft.

Wenn man mit Freude aus dem Bett aufsteht,
abends zusieht wie der Mond aufgeht
und es nicht mehr aus allen Wolken weint,
tagsüber nun die Sonne scheint.

Am Abend auch den Grill anschmeißt,
genüsslich in das Grillgut beißt;
ein gekühltes Blondes dazu trinkt,
der Nachbarschaft, Nachts Ständchen singt.

Dann weiß ein jeder, es ist soweit,
es ist wieder Frühlingszeit.
Man genießt die Zeit in vollen zügen
und ich wünsche euch viel Vergnügen.

Halbmond

Ein halber Mond wie durch geschnitten,
dort oben hoch am Himmel steht.

Ist wie mit einem Messer, durch ihm geglitten,
doch er weiter seine Runden dreht.

Seine andere Hälfte ist nicht zu sehen,
obwohl er gern als Vollmond prahlt.

Doch die Erde wirft ihren Schatten,
das ihn die Sonne nur halb anstrahlt.

Der halbe Mond zieht seine Bahnen,
in wirklichkeit seht er nur still.

Denn nur die Erde dreht sich weiter,
es ist der Menscheit ein Gefühl.

Und des Mondes dunkle Seite,
bekommen wir niemals zusehen.

Der Mond hat halt auch sein Geheimnis,
ja, das musst du doch verstehen.

Gebrochene Seele

Sie hat Angstgefühle und fühlt sich schmutzig,
schläft am Abend sehr schlecht ein.
Sie hört immer den Klang seiner Stimme
so fieß, gewaltig und gemein.

Sie ist traumatisiert von dieser Tat,
die ihr im Park geschehen ist.
Mit ihrem Körper, so lieblich zart,
dieses wohl niemals mehr vergisst.

Denn ihr Körper und ihre Seele,
wurden stark von ihm verletzt.
Scham und Ekel ist ihr empfinden,
Sie war ihm völlig ausgesetzt.

Sie fühlte sich hilflos bei den Gedanken,
fühlte nur noch Angst und Frust.
Er wies Sie mit Gewalt in ihre Schranken,
bei ihrem erlittenen Kontrollverlust.

Sie verkriecht sich nun in ihrem Zimmer,
geht tagsüber nicht mehr raus.
Traut sich nicht mehr vor die Türe,
und erst recht nicht aus dem Haus.

Sie hat gelitten, hat geschrieen,
keiner war da und gab ihr halt.
Bei diesem Übergriff und üblen Tat,
grausamer und sexueller Gewalt.

Sie schlich betrübt, ängstlich und schäbig,
heimlich Nachts zu sich nach Haus;
Sie duschte sich dann stundenlang,
doch es wusch sich nicht heraus.

Es half ihr keiner als die Tat begann,
Sie fühlte ein Messer an der Kehle.
Es war für Sie kein fremder Mann,
nun ist Sie eine gebrochene Seele.

Kopfkino

Immer wieder die gleichen Gedanken,
die mir oft im Kopfe kreisen,
warum ist es denn nur so,
Gedankenspiel beim Kopfkino.

Die selben Bilder vor den Augen,
man kann es gar nicht glauben,
es ist wie eine Gedankenexplosion,
Kopfkino hatte jeder schon.

Sie schwirren immer, immer wieder,
Gedanken, Bilder oder Lieder,
von langsam hin, bis zu schnell,
im Gedankenkarussell.

Man muss immer daran denken,
kann sich nicht einmal ablenken,
man muss es einfach nur verstehen.
Das Kopfkino wird weiter gehen.

Gefallener Engel / Die rettende Hand

Ein Mann der dort am Abgrund stand,
hat der Himmel einen Engel gesandt.
Denn sein Leben wollte er beenden
und legte es in eigenen Händen.

Er schloss die Augen, zählte die Sekunden,
sie kamen ihm vor wie ewige Stunden;
ein Schritt nach vorn, den Kopf geneigt,
sein Finger in den Himmel zeigt.

Im Reich des Himmels, seine Liebe wohnt,
erhofft sich das die Tat sich lohnt.
Einen letzten Schritt geht er voran,
um so bei seiner Liebesten seinen kann.

Mit geschlossenen Augen, atmet noch mal ein
und flüstert: „Ich will bei dir sein."
Er öffnet seine Augen und merkte sogleich,
dass eine Hand ihn greift, zärtlich weich.

Sie klammerte ihn und hielt ihn fest,
so stark, dass Sie ihm kein Schritt mehr lässt.
Er drehte sich um, fragt sich sodann:
Ob er seinen Augen trauen kann.

Es war seine Liebste, die vor ihm stand,
die ihm hielt an seiner Hand;
er war verdutzt und merkte sofort,
seine Lösung ist nicht der Selbstmord.

Seine Liebste, als Engel stieg Sie herab,
und es fielen ihr die Flügel ab.
Ein gefallener Engel war Sie so dann,
damit sie bei ihm bleiben kann.

Vereint sind sie nun für alle Zeit,
ohne Angst und Traurigkeit.
Und gefallene Engel soll es ja geben,
in Fiktion und wahren Leben.

Mein Thron

Auf einem Thron da sitzt der König,
oder eine Königin.
Das sollen sie auch, Gott hab Sie selig,
da gehören sie auch hin.

Ihr Thron, geschmückt mit viel Geschmeide,
aus edlem Holz, mit Gold verziert.
Sitzen sie dort mit Reichsapfel, Krone und Zepter,
dass Oberhaupt, was sein Land regiert.

Auf meinem Thron sitze ich alleine,
sehr entspannt ganz in stille.
Runter hängt die Hose und die Beine,
zu einer Sitzung auf der Brille.

Mein Thron ist weiß, aus Porzellan,
ich verrichte dort mein Geschäft.
Sitze dort mit Klopapier eine Weile,
finde es gar nicht mal so schecht!

Herbststurm

Wenn ein Herbstwind übers Land herzieht,
Geäst sich stark im Winde wiegt;
die Blätter von den Bäumen wehen,
möchte man nicht nach draußen gehen.

Wenn Ziegel von den Dächern fallen,
mit großer Wucht, auf dem Gehsteig knallen.
Wenn Menschen durch die Straßen purzeln,
Bäume umfallen und entwurzeln.

Wenn Hunde nicht mehr Gassi wollen,
Mülltonnen durch die Straßen rollen;
Wenn auch starke Eichen und Äste brechen,
muss man wohl vom Herbststurm sprechen.

Einen Parkplatz unter großen Bäumen,
sollte man schnellstmöglich räumen.
Sonst zerstört uns der starke Wind,
des deutschen Mannes liebstes Kind.

Und so ein Sturm ist nicht zum Lachen,
fegt er mit über hundert Sachen,
durch die Straßen und übers Land,
was er so anstellt, ist man gespannt.

Bei dem Menschen herrscht Empörung,
denn er wütet mit Zerstörung.
Leib und Leben sind in Gefahr,
der erste Herbststurm, er ist da.

Schutzengel

Ein Menschenleben kann so schnell enden,
wenn man es auch noch so liebt,
es liegt nicht immer in eignen Händen,
gut das es Schutzengel gibt.

Mit einmal steht man mit sich alleine,
hat Herzklabaster und Atemnot,
man kommt mit Male mit sich ins reine,
schaut in den Augen von Herrn Tod.

Er kommt zu Dir auf leisen Sohlen,
will Dich mitnehmen in sein Reich,
er will zu Dir, um Dich zu holen,
jetzt sofort, schon so gleich.

Doch Gott, er hatte etwas dagegen,
Du hörtest schon die Englein singen,
Dir ein Schutzengel zu senden mit dem Segen
um von der Schippe noch zu springen.

Nun wirst Du gut betreut von vielen Ärzten,
liegst auf der Intensivstation,
bin immer bei Dir mit ganzem Herzen,
glaube mir: Du schaffst das schon!

Mein bester Freund

Der bester Freund das ist der Hund,
möchte ich einmal sagen.
Es hat einen bestimmten Grund,
er kann unsere Gefühle gut ertragen.

Geht es Dir gut, so freut er sich
und macht einen Freudentanz.
Er läuft nun freudig so um Dich
und wedelt mit dem Schwanz.

Geht es Dir schlecht, merkt er es auch
und kommt ganz nah zu Dir.
Er legt sein Köpfchen auf deinen Bauch,
sei es auch Nachts um vier.

Ich möchte mein Hund niemals mehr missen,
er ist mein bester Freund.
Ich teile mit ihm gerne mein Kissen,
habe immer gut mit ihn geträumt.

Geht´s ihm schlecht, bin ich für ihm da,
genau so wie er für mich.
Ich sorge mich, bringe ihm zum Arzt
und lasse ihm nicht im Stich.

Sucht oder Laster

Medium, Ligth oder Menthol,
was rauchen die meisten Leute wohl,
Rote Hand, Fair Play, Reval,
diese Sucht ist eine Qual.

Boston, Jakordia, Davidoff,
ohne Kippen gibt es Zoff,
Stuyvesant, Camel und West,
geben der Lunge dann den Rest.

Marlboro, Lord oder HB,
schlimmer geht's, oh jemine!
TAWA, Juno und Jin Ling,
ist jedem Raucher nicht sein Ding.

Eckstein, LUX und Ducal,
jeder hat die freie Wahl,
L&M, Krone, Eve, R6,
raucht die Frau meist nach´m Sex.

Alle Marken kosten viel Zaster,
teuer ist es dies blöde Laster,
es gibt noch so viele andere Sorten,
dass sag ich euch mit diesen Worten.

Bei Sonne, Wind, Regen und Hagel,
raucht man einen Sarges-Nagel,
dafür ist dir die Kippe nicht zu teuer,
der Staat freut sich auf die Tabaksteuer.

Ich bin ein Mann …

Ich bin ein Mann mit Prinzipien
und bleibe meiner Linie treu.
Ich lasse mich gerne überzeugen,
erlebe einiges von neu.

Ich bin ein Mann, ich habe Stärke,
aber werde auch mal schwach.
Ich fange oftmals an zu grübeln
und denke über das Leben nach.

Ich bin ein Mann mit Gefühlen
und ich hab` ein warmes Herz.
Ich helfe immer wo ich kann,
es ist wahr und kein Scherz.

Ich bin ein Mann, ich hab` Familie,
ich liebe meine Liebsten sehr.
Ich werde sie immer und stets beschützen,
zur Not gebe ich mein Leben her.

Ich bin ein Mann, bin auch sensibel,
ich weine, wenn ich Weinen muss.
Ob beim Film oder im wahren Leben,
ergießt sich einmal der Tränenfluss.

Ich bin ein Mann, ich habe Fehler
und spreche mich nicht davon frei.
Sollte man mir einmal vergeben,
es ist mir nicht einerlei.

Ich bin ein Mann mit viel Humor
und für einen Scherz immer gut.
Stehe mit beiden Beinen voll im Leben
und verliere nicht den Mut.

****

Meiner Mutter zum Muttertag

Die Sehnsucht wohnt in meinem Herzen,
täglich wenn ich an Sie denk.
Ich bin erfüllt von tiefen Schmerzen,
bringe ich ihr das Muttertags-Geschenk.

Es waren unsere besonderen Tage,
aus gemeinsamer Vergangenheit,
jetzt stelle mir oftmals die Frage:
"Wo ist sie nur die schöne Zeit?"

Hast mich genommen in deinen Armen,
Küsschen auf den Wangen gabst.
Wir einander uns sehr vertrauten,
bis zum Tag an dem du starbst.

Jetzt stehe ich hier an deinem Grabe,
mit einem Strauß zum Muttertag;
schaue himmelwärts und ich sage:
„Mutter, Du fehlst mir jeden Tag."

Mein Universum

Deine Augen, sie sind wie Sterne,
sie leuchten mich am Tage an.
In ihnen schaue ich so gerne,
sehe Zauber und Magie sodann.

Wenn du lachst, spüre ich die Sonne,
es ist so lieblich, hell und warm.
Glückselig bin ich voller Wonne,
nehm ich dich in meinem Arm.

Du bist für mich wie die Venus,
eine Göttin und Planet zugleich.
Doch etwas, was ich mir eingestehen muss:
machst Du für mich mein Leben reich.

Wie ein Komet mit seinem Schweife,
hast Du es mir angetan.
Gar willenlos, in Endlosschleife,
streife ich durch deine Umlaufbahn.

Du bist für mich mein Universum,
Liebe, Treue und Poesie.
Und der Urknall wird verstummen,
in unserer eignen Galaxie.

Regenbogen

Nach einem starken Sommerregen,
erscheint uns oft in voller Wonne,
hinter den Wolken, die sich hinweg bewegen,
sogleich die helle warme Sonne.

Wassertröpfchen die in der Luft nicht verflogen,
in den Farben rot, orange, gar so nett,
entsteht uns ein schöner Regenbogen,
in gelb, grün, blau und violett.

Er ist ein schönes Wunder der Natur,
eine optische Erscheinung der Atmosphäre,
man kam den Grund auch auf der Spur,
es ist ein Teil physikalischer Lehre.

Willst du ein Regenbogen gern einmal sehen,
bei gleichzeitigem Regen und Sonnenschein;
muss du mit dem Rücken zur Sonne stehen,
es könnte ein Regenbogen dir erschein.

Was Optik und Physik kann beschwören,
ist ein prachtvolles Farbenspiel;
es wird unser Anblick immer betören,
Regenbögen gibt´s nicht so viel.

Ich bin nicht perfekt !!!

Ich bin nicht perfekt!
Wer kann das von sich sagen?
Ich habe so oft entdeckt,
kenne nicht die Antworten auf alle Fragen.

Ich bin nicht perfekt!
Ich mache auch Fehler
und wer das wrklich nicht versteht,
ist für mich ein Erbsenzähler.

Ich bin nicht perfekt!
Habe ich mal was versprochen,
kann es auch schon mal sein,
hab´s aus versehen gebrochen.

Ich bin nicht perfekt!
Ich will es auch nicht sein,
trete ich einem auf dem Schlips,
er möge mir verzeihen.

Ich bin nicht perfekt!
Ich erzähle euch keine Lügen,
und helfe wenn ich kann
und werde euch niemals betrügen.

Ich bin nicht perfekt!
Das wollte ich noch einmal sagen,
mache ich mal etwas Falsch,
kann ich auch Kritik ertragen.

Alle Menschen machen Fehler,
ganz egal von welcher Art,
auch das gehört zum wahren Leben,
denn das Leben, es ist hart.

Wer von euch ist schon perfekt?
Der werfe hier den ersten Stein!
Haltet euch besser stets bedeckt,
wir müssen halt nur menschlich sein!

****

Der Mond

Auch wenn er still am Himmel steht,
er weiter seine Runden dreht.
Man ist von ihm sehr angezogen,
er bewegt Wellen und die Wogen.

Mal ist er halb, mal ist er voll,
es ist sein Schein, es ist sein Soll.
Er ist bei Menschen sehr berüchtigt,
manch einer ist sogar nach im süchtig.

Ob spanisch Luna oder englisch Moon,
hat alles nur mit einses zu tun.
Er wurde in vielen Sprachen schon vertont.
Ihr wisst es alle, es ist der Mond.

Kumpel, Freund und Fan

Er war Vater und Freund,
ein Kumpel der Tat,
ein echtes Pott-Original,
Bruder und Unikat.

Er liebte den Fußball,
kam aus dem Revier,
stand als Kind schon in der Kurve,
bei Schalke 04.

Mit seiner Art und Ausstrahlung,
konnte Er so viels machen,
war jemand bedröppelt oder traurig,
brachte Er ihm wieder zum Lachen.

Wir werden Ihn alle merklich vermissen,
Er ging mit nur achtunddreißig Jahr,
aus der Familie und dem Leben gerissen
ein Vater und Kumpel ist nicht mehr da.

Sein Platz in der Nordkurve,
bleibt nun von Ihm leer,
aber ein Platz in unseren Herzen,
hat Er bei uns sehr.

Er bereicherte alle unser Leben,
hatte immer ein Spruch,
wir können Ihm nichts zurück geben,
es nutzt leider kein Versuch.

Es bleiben nun unsere Tränen,
Trauer und Schmerz,
doch bei seinem erwähnen,
ist Er immer im Herz.

Nun sitzt Er im Himmel,
mit Petrus und Gott,
sie schauen auf Schalke herunter,
und die Heimat dem Pott.

****

Mit dem Herzen

Mit dem Herzen musst Du schauen,
um der Menscheheit zu vertrauen.

Mit dem Herzen sollst Du hören,
so werden böse Worte Dich nicht stören.

Mit dem Herzen kannst Du sprechen,
dann wird sich niemand an Dir rächen.

Mit dem Herzen musst Du fühlen,
sitzt Du zwischen zweien Stühlen.

Mit dem Herzen musst Du glauben,
so kann Dir keiner Hoffnung rauben.

Geht mit offnem Herzen durch das Leben,
es kann der Menschheit Frieden geben.

Meine letzte Schicht

Es war ein Morgen wie jeder andere,
doch etwas kam mir spanisch vor.
Ich fuhr morgens früh zur Arbeit,
besonnen stand ich vorm Zechentor.

Dreiunddreißig lange und harte Jahre,
fuhr ich ein in diesem Schacht.
Jeden Tag nach unter Tage,
und ich hab´ es gern gemacht.

Nun steht ich hier vor meiner Zeche
und ich bin den Tränen nah.
Mit den Gedanken bei meinen Kumpels
und wie schön es immer war.

Jetzt fahre ich ein, zum letzten male,
heute ist meine letzte Schicht.
Mit meinen Kumpels nach unter Tage
und mein Bergmanns Herz, es bricht.

Ein letzte mal im Streb vor Kohle,
leuchtet am Flöz mein Lampenschein.
Noch einmal mit dem Abbauhammer,
löse ich die Kohle vom Gestein.

Gemischte Gefühle sind mein empfinden,
Wehmut der Freude überwiegt.
Ich bin einfach hin und her gerissen,
was in meiner Zukunft liegt.

Ich zähle hier nun zum alten Eisen,
denn ich muss er in Rente geh´n,
keine Aussicht mehr, länger zu bleiben
und ich kann´s noch nicht verstehen.

Doch mein Leben, es geht weiter,
ist Trauer noch so groß.
Gibt es auch noch vieles zu bedauern,
doch ohne Maloche, gibt's jetzt Moos.

Nachbarschaft

Mit seinem Nachbarn sollte man sich vertragen,
dann kannst auch nach Hilfe fragen.
Mit einem Pläuschchen über den Gartenzaun,
schafft man sich Freundschaft und vertau´n.

Doch oft ist es so, dann ist´s so weit,
gibt es mit nem´ Nachbarn Streit.
Man kann man sich mit ihn nicht versteh´n
und sollte ihm besser aus dem Wege gehen.

Sonst eskaliert der Streit und folgt Gewalt,
alles endet dann vorm Rechtsanwalt.
Deshalb seit Nett zur Nachbarschaft,
es gibt Friede, Freude und Kraft.

Gute Nachbarschaften sollte man pflegen,
es ist eine Bereicherung für dein Leben.
Aber hast du ein Miesepeter um dich rum,
lass ihn dumm steh´n und dreh dich um.

Schokolade

Eine Tafel Schokolade,
hat in etwa hundert Gramm,
wenn ich sie einmal aufesse,
mir doch nichts passieren kann.

Ja, ich liebe Schokolade,
habe sie in meinem Schrank,
sollte einmal keine da sein,
glaube ich, dann werd ich Krank.

So braun und süß liegt sie nun vor mir,
eine Tafel Traube Nuss,
die Rosinen schmecken himmlisch,
die Schokolade ist ein Hochgenuss.

Diese zarte Tafel Schokolade,
gerade lag sie noch da.
Habe ich sie wieder aufgegessen?
Ach, das ist doch wohl nicht wahr.

Am nächsten Tage auf der Waage!
Ach, es kann doch wohl nicht sein?
Ein halbes Kilo hab` ich zugenommen,
hundert Gramm sind nur zum Schein.

Schöner Tag

Wenn Morgens laue Winde wehen,
und den Mond kann man erspähen.
Die Sonne im Osten schon aufgeht,
Tau, frisch auf dem Rasen steht.

Wenn Vögel ihre Morgenlieder singen,
Boten die Tageszeitung bringen.
Der Hahn schon auf dem Miste kräht,
deine Frau vor dir aufsteht.

Der Morgen aus dem Schlaf erwacht
und die Frau das Frühstück macht.
Dann springst du schnell in deine Kluft,
denn es riecht nach Kaffeeduft.

Wenn mit ein Küsschen wirst begrüßt,
nach einer Liebesnacht so wüst!
Ich sehr glücklich vor Freude sag.
Heute wird´s ein schöner Tag!

Schuhe

Alle Frauen lieben schöne Schuhe,
dies ist jedem bekannt,
es lässt sie einfach keine Ruhe,
ständig wird zur Stadt gerannt.

Um zu schauen, schoppen, anprobieren,
welcher Schuh ihr jetzt wohl steht,
in jedem Schuhgeschäft einmal zu studieren,
wohin die neuste Mode geht.

Sie kaufen sich schicke Ballerinas,
Stiefel mit kurzem oder hohen Absatz,
kommen Heim mit neuen Schuhen,
denn im Schrank ist ja noch Platz.

Am liebsten mögen sie rote Schuhe,
davon haben sie nie zu viel,
diese landen dann in der Truhe,
ist es auch ein High Heel.

Schuhe sind für Frauen, wie der Atem,
der sie stets am Leben hält,
jetzt soll mir einer einmal verraten.
Woher haben sie das viele Geld?

Sixpack oder Hüftspeck

Männer die ein Sixpack haben,
können sich nicht groß beklagen,
es sei denn, nach Bier verbrauch,
einen Sixpack unter ihren Bauch.

So manch ein Mann, er muss sich quälen,
täglich seine Muskeln stählen;
doch ich mache nicht so ein Dreck,
ich steh zu meinem Hüftenspeck.

Warum sollte ich mich sportlich recken,
und so manche Hanteln strecken,
Sit up`s machen, auf´s Laufband gehen,
nur wie ein Adonis auszusehen.

Ich will schlemmen, ich will Leben,
mir auch mal die Kante geben,
alles essen was mir schmeckt,
darum wird nicht abgespeckt.

Fast alle Frauen lieben Muskelmänner,
Bodybuilder und Gewichtestemmer,
aber viele Frauen mögen auch,
Männer mit einem weichen Bauch.

Dort können dann die holden Weiber,
sich räkeln an des Männers Leiber,
darum hat es auch nur einen Zweck,
Männer tragen Hüftspeck.

Schiri sein, war sein Leben!

Auf dem Platz ein alter Hase,
machte man ihm gar nichts vor;
er rümpft höchstens einmal die Nase,
bei dem Zuruf: „Schiri, Tooor!"

Denn er war immer auf Ballhöhe,
er sah alles ganz genau,
wobei er sich auch stets bemühte,
bei gelb, schwarz, weiß oder blau.

Konzentriert schaute er 90 Minuten,
sein Blick auf Spieler und dem Ball;
immer und stetig nach DFB-Statuten,
kam ein Spieler einmal zu Fall.

Er blies oftmals in seine Pfeife,
das es nur so schrillt,
verteilte auch gelbe und rote Karten
und jeder war sofot im Bild.

Er konnte bei Spielen forsch durchgreifen,
denn, er war die Respektsperson,
Elfmeter und Freistoß einmal zu pfeifen,
alles immer im ruhigen Ton.

Lange und sportliche 35 Jahre,
war er schon mit dabei,
der DFB ihm jetzt nun bewahre,
seine Halbzeit ist vorbei.

Man zeigte ihm die Gelbe Karte,
eine Verlängerung gab es nicht,
er war als Schiedsrichter eine Granate,
was jedoch- und für ihn spricht.

Jetzt ist es mit dem Pfeifen zu Ende,
legt rote, gelbe Karte fort,
Beifall klatschen ihm viele Hände,
auf dem Platz sein lieblings Ort.

Schiedsrichter sein war sein Leben,
ja es war sein Lieblingssport,
hat sich immer unparteiisch gegeben,
er war fair, mein Ehrenwort.

Sommerregen

Die Sonne scheint seit vielen Tagen,
auf den Strassen schmilzt der Asphalt.
Die Natur erstickt im dichtem Durst,
Feuer droht dem trocknen Wald.

Es wird Zeit das der Regen fällt,
es wäre uns ein großer Segen.
Besonders für Tier und Natur,
einen Guss von Sommerregen.

Mit einmal ein zartes Lüftchen weht,
dunkele Wolken ziehen auf.
Die Hitze, die sich langsam verzieht,
nehmen wir gern in Kauf.

Es wird dunkel wie die Nacht,
Donner grollt in der Ferne.
Mit einmal blitzt es und kracht,
der Regen frisst die Wärme.

Die ersten Tropfen auf dem Asphalt,
verdampfen einfach so nur,
es erholt sich Mensch und Wald
auch der Rest der Natur.

Menschen strömen aus dem Häusern,
ganz vor Freude, ungelogen.
Sie laufen in den Sommerregen hinaus,
als wär'n es kühle Meereswogen.

Sie springen und hüpfen ringsherum,
in Pfützen und auf allen Wegen.
Von mieser Stimmung ist keine Spur,
nach diesem warmen Sommerregen.

Die Sonne kommt langsam hervor,
die Regenwolken haben sich verzogen.
Es erscheint uns ein Geschenkt der Natur,
ein farbenbunter Regenbogen.

Wieder geht ein Jahr

Wieder geht ein Jahr vorüber,
mit Stunden voller Freud und Glück,
man schaut es nach und auch darüber,
besonders auch darauf zurück.

Wieder geht ein Jahr zu Ende,
darin sich fand auch manches Leid.
Doch bringt das nächste Jahr die Wende?
Es wäre doch mal an der Zeit.

Wieder geht ein Jahr dahin.
Was wird es mir in Petto halten?
Wird das nächste Jahr, eins mit Sinn?
Ich werde es mir schön gestalten.

Wieder geht ein Jahr vorbei,
wieder eins was ich so mag,
es ist mir bestimmt nicht einerlei,
heut´ an meinem Burzeltag.

Morgens wird's Heiß

Morgens lässt die Frau es richtig krachen
will etwas für Stimmung machen.
Sie holt ihn raus, so ist die Frau,
was sie will weiß sie genau.

Sie nimmt ihm somit in ihrer Hand,
zart dosiert und mit Verstand.
Da fällt ihr ein: „Du meine Güte"
Es fehlt ihm ja noch die Tüte.

Jetzt ist er fertig, es ist geritzt
und hat schon etwas reingespritzt.
Etwas weißes, jetzt nur nicht stöh´n,
genau das macht den Morgen schön.

Nun mit den Lippen, ihn zart berühren,
um ihm zum blasen, zum Munde führen.
Heiß floss es dann in ihr hinein,
genau so muss ihr Kaffee sein.

Träumerei

Ganz verträumt sitze ich am Strand,
schaue auf's Meer den Wellen zu,
ich sitze hier so ganz allein,
ich frage mich; Wo bist du?

Ein nebeliger Schleier am Horizont
wo eine Insel mir dort erscheint,
ein Pärchen liegt hier auch am Strand,
sich innig liebend und vereint.

Möwen fliegen aufs Meer hinaus,
bis man sie nicht mehr sieht,
ein Angler steht drüben am Kai.
Ob er ein Fisch wohl kriegt?

In der Ferne ertönt ein Nebelhorn,
der Ton durch die Lüfte schwebt,
gedanklich wünsch ich gute Fahrt,
ach, wie die Zeit vergeht.

Ich sitze immer noch am Strand,
weiterhin so ganz allein,
in Gedanken bist du jetzt bei mir
und in meinen Träumerein.

Es ist wieder Vollmondnacht

Du liegst im Bett und kannst nicht schlafen,
weil er hoch am Himmel thront.
Es hilft auch nicht, zählen von Schafen,
es scheint heut´ Nacht der volle Mond.

Machst alles dunkel in deinem Zimmer,
doch du schläfst noch lang nicht ein.
Von Jahr zu Jahr wird´s immer schlimmer,
langsam wird die Qual zur Pein.

Du musst dich durch manch Nächte quälen,
liegst jedem Monat oftmals wach.
Ich kenne diese Geschichten vom erzählen,
welch eine Schande, welch eine Schmach.

Ich hingegen kann gut schlafen,
scheint er mir auch ins Gesicht;
liege still im Bett, der Träume Hafen,
auch im hellsten Mondeslicht.

Ich bin ein Kind aus Wanne-Eickel,
dort wo man den Mond besingt;
das Thema ist bedenklich heikel,
wenn der Vollmond durch das Fenster dringt.

Gute Nacht und schöne Träume!

Wolkenengel

Ich schaue zum Himmel und ich sehe,
wie ein Engel aus Wolken entsteht,
ich kann nicht weiter und ich stehe,
weil es nicht mehr weiter geht.

Dieser Engel der über alles wacht,
auf unser Erden Welt,
entstanden aus der Wolkenmacht,
die Sonne ihn erhellt.

Die Engelwolke ist ein großer Segen,
gibt mir Schutz und Wohlbehagen,
begleitet mich auf meinen Wegen
und in allen Lebenslagen.

Wirst du den Wolkenengel einmal erspähen,
traue ruhig deinen Augen,
ganz genau wirst du ihn sehen
und weiterhin an Engel glauben.

Meine Wünsche zum Fest

Ich wünsche mir zum Weihnachtsfeste,
Frieden auf der ganzen Welt.
es ist für die Menschheit wohl das Beste
und das einzige was für mich zählt.

Ich wünsche mir zum Weihnachtsfeste,
dies wäre nicht allein mein Traum
und Familien treffen sich nicht nur zur Geste,
sondern zu feiern unterm Tannenbaum.

Ich wünsche mir zum Weihnachtsfeste,
die Hungersnot auf Erden stirbt,
nicht wegwerft so schnell Nahrungsreste,
diese hergibt bevor´s verdirbt.

Ich wünsche mir zum Weihnachtsfest,
Misshandlung soll ein Fremdwort sein,
gebt unseren Kindern lieber ein warmes Nest,
ein schönes zu Hause soll es sein.

Zur Weihnachtszeit

Jedes Haus, Türen und Fenstern,
wurde liebevoll geschmückt.
Alle Kinder stehen und schauen,
sind von der Lichterpracht entzückt.

Die Strassen stehen in bunte Lichter,
schön erstrahlt nun jedes Haus.
Man schaut nun in fröhliche Gesichter,
alles sieht so festlich aus.

Über dem Marktplatz bin ich gegangen,
dort steht ein großer Weihnachtsbaum.
Mit Kugeln und Kerzen reichlich behangen,
wie im Märchen, man glaubt es kaum.

Nicht nur die Englein im Himmel singen,
Halleluja und Stille Nacht.
Das Christkind wird Geschenke bringen,
was allen Kindern Freude macht.

Zivilcourage

Ein Jeder der ein Unrecht sieht
und weiter seine Wege zieht;
sich nicht stört an Prügel und Schläge,
gebe ich mit auf diesm Wege.

Du bist der Menschheit eine Blamage,
zeigst keine Zivilcourage!
Du schaust nur weg und vom weitem zu.
Was für ein Mensch bist denn du?

Anstatt zu helfen oder Hilfe zu rufen,
stehst du für mich auf den selben Stufen;
wie ein jeder Täter, der eine Tat begeht,
wenn er über einem Opfer steht.

Menschen die helfen und schnell einschreiten,
hilft's dem Opfer schon beizeiten;
bevor ein größeres Unheil geschieht,
und ganz einfach weg mal sieht.

Spiele aber nicht unbedingt den großen Helden,
rufe laut nach Hilfe, tue es schnell melden.
An Polizei oder Passanten, aber niemals Schweigen.
Das ist Zivilcourage zeigen!

So kannst Du einiges schon verhindern,
und einem Menschen Schmerzen mindern.
Trete ruhig mutig auf gegen die Bagage,
zeige ein Stück Zivilcourage!